LE RESPECT

PAR

M. Frédéric PASSY

Membre de l'Institut

———

Ce n'est pas la première fois que j'ai l'honneur de prendre la parole pour la Ligue contre l'athéisme. Dès les premiers temps de cette Ligue, sous la présidence de votre vénérable prédécesseur, mon cher confrère, j'ai fait une conférence sur l'idée de Dieu et la liberté. Plus tard, j'ai parlé à Versailles, pour la Ligue contre l'athéisme encore, sur la paix sociale. Je vais ce soir essayer de vous parler du respect.

Les titres diffèrent, et j'espère que ce ne sont point de simples redites que j'ai portées à Versailles et que je vous apporte ce soir. Mais la cause est la même, et c'est la même préoccupation, la même pensée maîtresse qui domine pour moi ces trois sujets : la liberté !

La liberté, qu'est-ce, en somme ? La définition étonnera peut-être bien des gens, mais je n'en connais pas de meilleure. La liberté, c'est le respect mutuel, c'est le respect du droit des autres comme la garantie de notre propre droit. Aussi a-t-on pu dire, par une formule très paradoxale en apparence et très vraie au fond : la liberté, c'est le respect d'autrui. Or sur quoi peut se fonder ce respect de soi-même et des autres, sinon sur le sentiment de quelque chose de supérieur à nous-mêmes, de quelque chose qui dépasse ces réalités passagères et variables, d'un droit qui domine nos intérêts mobiles et incertains et d'une juridiction suprême à laquelle seule, lorsque ce droit dont nous avons la conscience est violé, nous puissions en appeler ?

La paix sociale ! Mais comment la paix pourrait-elle exister, sinon par le respect mutuel encore, par la reconnaissance et par l'observation de certaines règles, de certaines lois qui empêchent le choc trop violent des intérêts et des appétits individuels ? C'est encore, par conséquent, dans le respect mutuel, je dirai plus, dans la bienveillance mutuelle, dans cette amitié qui, suivant une parole de Laboulaye, est le ciment des sociétés humaines, que nous pouvons trouver les éléments sérieux et durables de la paix sociale.

Le respect donc, le respect toujours. Et, dès lors, je ne puis faire autre chose, dans les paroles que je vais vous adresser, que commenter en quelque sorte ce que j'ai pu dire ailleurs et ce que je viens de rappeler dans ces réflexions préliminaires. Oui, tout se résume dans le respect de la personnalité humaine, fondé sur ce sentiment que la personnalité humaine est sacrée, parce qu'elle n'est pas un accident passager. Mais si c'est toujours au respect qu'il faut en revenir, il n'est pas mauvais, après avoir établi ces premières assises, ces prémisses, d'examiner la question sous différents aspects, à divers points de vue, et d'entrer quelque peu dans les détails pour nous rendre compte de ce que commande, en fait et en pratique, ce respect sur lequel nous faisons reposer tout le reste.

On dit, Mesdames et Messieurs, que le respect s'en va. Est-ce vrai ; dans quelle mesure, et si cela est vrai, qu'y a-t-il à faire pour réagir ? On dit qu'il n'y a plus de respect, ni dans la famille, ni dans la société, ni dans cette sphère supérieure qui s'appelle la société des nations.

Je ne suis pas pessimiste ; je me défends, autant que je le puis, d'être pessimiste ; je serais plutôt optimiste par raison, par espérance et par conviction, bien plus peut-être que par sentiment. Je serais plutôt de ceux qui se souviennent de cette belle parole de Guizot : « Il n'y a que les optimistes qui fassent quelque chose en ce monde », parce qu'il n'y a que les optimistes qui voient plus loin que le point auquel ils sont arrivés et qui croient qu'il est encore possible de faire quelque chose. (*Applaudissements.*)

Cependant, l'optimisme ne doit pas nous rendre aveugles ; peut-être même, précisément parce que nous essayons de voir haut et loin, parce que nous tendons vers un avenir meilleur, sommes-nous plus sensibles à ce qui manque encore aux conditions dans lesquelles nous nous trouvons appelés à vivre. Peut-être voyons-nous mieux, sentons-nous plus que d'autres ce qui manque à ce temps, à ce pays, que nous voudrions plus grand, plus parfait, plus heureux qu'ils ne sont. Et la meilleure manière d'arriver à les rendre moins imparfaits, moins malheureux, n'est-ce pas de leur dire franchement, sincèrement ce qui leur manque ; non pas certes pour les moins aimer, mais pour leur prouver que nous les aimons comme on aime ceux à qui l'on ne craint pas de dire la vérité.

Voyons donc ce qu'il en est, dans la famille, dans la société, dans les relations diverses de la famille et de la société. Vous savez quelles sont les deux thèses contraires soutenues au sujet de la famille. Les uns regrettent ce temps où la famille était gouvernée par une discipline forte et sévère, où l'enfant n'approchait qu'avec une certaine déférence, ce n'est pas assez dire, avec une sorte de terreur religieuse de la personne de ses parents, où l'on disait et écrivait cérémonieusement à son père : monsieur mon père, où quelquefois on ne voyait que de loin en loin, comme des Dieux, qui laissent de temps en temps ouvrir la porte du sanctuaire, les parents qui vous avaient donné le jour. On regrette ce temps : il est certain qu'il y avait bien dans ces mœurs quelque grandeur, et qu'elles trempaient parfois énergiquement les caractères. Il y avait aussi malheureusement une trop fréquente absence d'affection, d'intimité, de familiarité. Sous ce rapport, j'avoue que je préfère, lorsqu'on ne passe pas la mesure (ce que nous allons rechercher), les relations habituelles des parents et des enfants de notre temps. Je les préfère, lorsqu'elles sont ce qu'elles doivent être ; lorsque le père et la mère sont sans doute les amis de leurs enfants ; lorsqu'ils ne leur épargnent pas les preuves d'affection ; lorsqu'ils ne craignent pas de leur laisser voir tout ce qu'il y a dans leur cœur de sollicitude et de tendresse pour eux ; mais aussi lorsqu'ils savent ne pas leur passer, à côté de ces vétilles auxquelles quelques-uns attachent trop d'importance et qui ne sont rien, les manquements graves, les manques de sincérité, de droiture, les défauts qui sont la défaillance et la déchéance du cœur et de l'esprit.

Est-il bien sûr que nous ayons aujourd'hui, tous tant que nous sommes, gardé cette juste mesure ? Est-il bien sûr que les enfants aient conservé à l'égard de leurs pères, dans un trop grand nombre de cas, et de leurs mères aussi, hélas ! le respect, la déférence et par suite l'affection vraie qu'ils doivent avoir ? Est-il bien sûr que, sous les apparences de la tendresse et de la câlinerie, ils ne se fassent pas trop souvent les tyrans de leurs parents et n'obtiennent pas d'eux de fermer les yeux, non pas seulement, je le répète, sur des peccadilles sans gravité, mais sur des fautes graves, sur des habitudes qui s'enracinent dans leurs cœurs et feront d'eux, pour toute leur vie, des êtres sans énergie morale, peut-être des malheureux et des misérables ? (*Applaudissements.*)

Vous savez à quel point est poussé dans un trop grand nombre de familles l'oubli des obligations et des précautions les plus élémentaires. Oui, on aime ses enfants, mais on les gâte. On les aime, mais on n'a aucun souci de les préserver de leur propre faiblesse et des mauvaises influences ; mais on oublie que la meilleure manière de les aimer et de les élever, que la meilleure des leçons, c'est l'exemple. On ne songe ni à leurs yeux ni à leurs oreilles, et devant eux, sans préoccupation aucune, devant eux comme devant d'autres qui ne sont pas des enfants, mais qui sont de la maison, qui autrefois étaient de la famille, devant les serviteurs qui sont là debout autour de la table, on ne fait jamais attention à aucune des paroles qu'on prononce ou à aucune de celles qu'on laisse prononcer. Et alors peu à peu l'habitude de ne plus rien respecter, pas même ses parents, se répand, et l'on entend — nous en avons tous entendu — des enfants, des jeunes gens à qui l'on parle du respect qui est dû aux personnes âgées, à leurs familles, à leurs parents, vous répondre tranquillement : du respect ? de la déférence ? mais non ! nous ne connaissons plus ça ! On a ses droits et on en jouit.

Que voulez-vous que devienne une société dans laquelle dès l'enfance, dès la jeunesse, on s'est habitué à ne plus penser qu'à ses droits, ou du moins à ce qu'on appelle ses droits, c'est-à-dire à ses intérêts et ses fantaisies, sans se préoccuper des droits et des intérêts des autres, des égards qui sont dus aux autres ? Et cela se répand de proche en proche dans toutes les branches de la société. Cela commence par le sans-gêne, par l'oubli des simples égards, de cette politesse que Laboulaye appelait si bien « la bonté dans les petites choses », et cela finit par l'égoïsme, par le mépris des obligations les plus sacrées, et par l'habitude de tout sacrifier à la satisfaction de ses désirs et de ses caprices. Oh ! si j'avais le temps de me laisser aller à dire tout ce qui pourrait être dit ; si j'avais le temps de suivre avec vous l'enfant dans toutes les classes de la société, dans la famille, à l'école, dans la rue, dans l'atelier ! Mais partout, nous trouverions ce manque de respect de l'enfance, l'oubli de cette vieille parole du poète latin : *si quid turpe paras, pueri ne spreveris annos*, si tu as le malheur de commettre ou de préméditer quelque action qui soit déshonnête, pense au moins à l'écarter des yeux et des oreilles de l'enfant ! Est-ce qu'aujourd'hui on ne semble pas avoir le souci contraire ? Et alors qu'arrive-t-il ? Vous voyez cette jeunesse habituée à ne pas être respectée et à ne rien respecter, adonnée à tous les vices à un âge où autrefois on était encore à l'école, emportée par tous les excès, tantôt par les excès bas et crapuleux, si la situation de fortune ne comporte que ceux-là, tantôt par les excès du luxe, de la richesse, par les prodigalités et les folies de toutes sortes, si malheureusement un héritage a mis dans les mains de ces jeunes gens mal élevés les moyens de satisfaire tous leurs caprices et de se passer toutes leurs sottes fantaisies. (*Applaudissements.*)

De la famille passons-nous à l'atelier dont je parlais tout à l'heure, à l'usine, aux rapports de ceux qui travaillent et de ceux qui font travailler, suivant l'expression vulgaire, comme si ceux qui font travailler ne travaillaient pas aussi, ou comme si le travail de tête, la responsabilité de la direction, les soucis de préparer l'avenir et d'organiser le présent n'avaient pas une valeur bien souvent égale et même supérieure à celle de la tâche même la plus laborieuse de la main ? Que voyonsnous ? La même absence de respect trop souvent. Je dis trop souvent ; je me garde bien de dire toujours. Je suis de ceux qui savent ce qui se fait de bien, de bon, de beau, d'admirable à la fois dans les rangs des ouvriers et dans les rangs des patrons. Je sais combien il y a chez les uns et chez les autres, dans bien des cas, de courage, de résignation, d'énergie, de bienveillance mutuelle, de justice réciproque. Ce n'est pas en vain qu'il y a quelques années, en 1889, j'ai fait partie du jury de cette exposition d'économie sociale qui a fait apparaître une quantité d'institutions admirables et de dévouements exceptionnels qu'on ne soupçonne pas parce que le bien ne se montre pas, tandis que le mal se montre. Ce n'est pas en vain que je me suis trouvé en relations, tantôt avec des chefs d'industrie, tantôt avec des familles ouvrières chez lesquelles j'ai pu constater le zèle, l'équité, le dévouement, la bienveillance mutuelle encore une fois. Il n'y a pas bien longtemps qu'un des hommes qui ont fait le plus dans un pays voisin pour la conciliation entre le capital et le travail, entre ce que les Anglais appellent les employeurs et les employés, M. Julien Weiler, ingénieur des charbonnages de Mariemont et de Bascoup, me disait, et il l'a écrit, puis dit dans des conférences devant de grands industriels de son pays : « on ne sait pas ce qu'il y a de patience, de résignation, de sentiments trop souvent mal compris, — parce que d'abord nous ne parlons pas suffisamment la même langue, ensuite parce que nous ne nous mêlons pas assez, — dans ces masses ouvrières qu'à certaines heures on agite et on pousse à des désordres qui sont en dehors de leur pensée. »

Il aurait pu ajouter, et l'exemple des grands établissements dans lesquels il occupe une place importante est là pour le prouver aussi bien que d'autres : on ne sait pas assez ce que les grands industriels très souvent se donnent de peine, font de sacrifices pour arriver à améliorer la condition du personnel qu'ils emploient. Oui, il y a des exemples admirables de part et d'autre ; mais il y a une contre-partie. Mais nous serions sourds et aveugles si nous n'entendions pas les cris qui se poussent, si nous ne voyions pas ce qui se fait, si nous ne savions pas combien trop souvent les uns considèrent la masse ouvrière qu'ils emploient comme une partie de leur matériel dont il y a à tirer simplement le plus de production possible, et les autres considèrent ceux qui les paient, les font vivre et sont obligés de veiller jour et nuit pour entretenir l'activité de leur usine, comme des ennemis nés contre lesquels tout est permis à titre de représailles, et non seulement permis, mais commandé. Nous serions aveugles si nous ne savions pas qu'il y a, au milieu de nos sociétés qui se prétendent civilisées, des hommes qui ne sont pas tous des ignorants ou des inintelligents n'ayant pas tous l'excuse de ne pas savoir ce qu'ils font, qui sont occupés à toute heure à exciter ces animosités et ces haines et qui ont pris pour drapeau, plus de cent ans après la révolution de 1789, la lutte de classes et la liquidation sociales ! (*Applaudissements.*)

Eh bien, Mesdames et Messieurs, qu'y a-t-il encore au fond de tout cela ? Une absence de respect mutuel, une absence d'équité, une absence de justice, une absence de cette bienveillance dont il faut toujours quelque peu pour que la justice soit véritablement la justice. Il y a peut-être surtout, excepté chez un petit nombre, espérons-le, l'ignorance, l'ignorance des véritables conditions et de la direction qui permet le travail ; il y a cette pensée, chez les uns, qu'ils sont par leur situation placés à un degré supérieur qui les dispense à l'égard de leurs inférieurs de tout respect, et il y a, chez les autres, cette pensée que leur tâche est à la fois la plus rude et la plus nécessaire, que ce sont eux qui font non seulement le plus, mais bien souvent que ce sont eux qui font tout. N'avez-vous pas entendu cent fois ce sophisme qui cent fois répété et cent fois réfuté a séduit cent et cent et une fois ceux devant lesquels on le débite : l'ouvrier avec son salaire peut-il acheter son produit ? Les maçons qui ont bâti cette maison peuvent-ils en devenir propriétaires ? Le cordonnier qui reçoit 3 francs pour faire une paire de souliers qu'on vend 12 ou 15 francs peut-il avec son salaire acheter cette paire de souliers ? Comme s'il n'y avait dans la construction de la maison que le travail du maçon, dans la confection de la paire de souliers que le travail de l'ouvrier qui a coupé et cousu le cuir ! Comme s'il n'y avait pas en avant et après eux une multitude de travaux et d'opérations indispensables ! Comme si, pour que les usines soient élevées, pour que les métiers battent, pour que la matière première, laine, coton, chanvre ou cuir arrive à l'usine ou à l'atelier, et que l'ouvrier puisse les mettre en œuvre, il n'avait pas fallu que des hommes aient élevé des animaux, aient cultivé, récolté, chargé sur des navires, construit des chemins de fer, que l'art de l'ingénieur et une multitude infinie d'opérations et de travaux divers, qui ont mêlé ensemble les cœurs et les pensées de générations et de générations, se soient solidarisés, aient fraternisé, si j'osais dire, dans ces œuvres matérielles grâce auxquelles cet homme va pouvoir s'asseoir sur son banc à broche, ou diriger son métier à tisser!

On oublie tout cela, on ne sait pas tout cela ; et par suite on se figure que cet autre homme qui travaille dans un cabinet ou qui inspecte ses ateliers, qui fait sa ronde, qui envoie des lettres à la poste, qui fait passer des dépêches par le télégraphe, est un oisif auquel on ne doit rien. Lui aussi, je le répète, oublie trop souvent ce qu'il doit à ces modestes, mais nécessaires artisans de sa fortune, de son bien-être et de son influence. Et alors, comme on ne se respecte, ni de supérieur à inférieur, ni d'inférieur à supérieur, on en vient à un état d'hostilité habituel qui engendre cette guerre de classes, ces animosités, ces haines, ces frottements, ces violences enfin, dont nous sommes trop souvent les témoins. Et, faute d'un peu d'huile dans les rouages, les pièces diverses de la mécanique sociale, comme les machines dont on n'a pas su adoucir les frottements, grincent, crient et parfois éclatent et se brisent. (*Applaudissements*).

Il faut réagir, mesdames et messieurs, contre cette double erreur. Il faut apprendre aux uns le respect qu'ils doivent à l'intelligence, à la direction, à la responsabilité, au courage avec lequel on affronte les risques et on engage ses capitaux dans des entreprises qui peuvent les doubler, sans doute, mais aussi les perdre. Et il faut apprendre aux autres le respect de ses inférieurs qui, pour être à un échelon plus bas dans la société humaine, n'en sont pas moins des hommes, n'en ont pas moins une âme, n'en connaissent pas moins les senti-ments de pères de famille, d'époux, de citoyens, et quelquefois, sous leur rude enveloppe, cachent un cœur plus généreux, par-fois même une tête plus intelligente que ceux qui les regardent de haut avec dédain. (*Applaudissements.*)

Il ne faut avoir ni le mépris du travail manuel, ni le mépris du travail intellectuel. Il faut se pénétrer de cette admirable parole de saint Paul qui a dit — que l'on me permette de m'en prévaloir — deux ou trois des choses les plus vraies, les plus fortes qu'on puisse dire en économie sociale : le pied n'est pas l'œil, l'œil n'est pas le pied ; le membre n'est pas le corps et le corps n'est pas le membre ; mais l'ensemble des membres forme le corps, et le pied a besoin de l'œil, comme l'œil a besoin du pied. Il faut par conséquent que l'œil ne regarde pas avec dé-dain le pied parce qu'il est plus bas, parce qu'il touche à la boue, mais qu'il se souvienne que c'est lui qui le porte et qui lui permet de regarder loin et haut. Il faut que le pied, de son côté n'en veuille pas à l'œil, n'envie pas l'œil d'être placé plus haut, à la condition que cet œil le conduise où il doit aller et qu'il ne le mène pas dans les fondrières et dans les abîmes. (*Applaudissements.*)

Ecoutez encore — je l'ai citée plusieurs fois, mais je n'ai pas peur de me répéter, parce que l'un de mes maîtres a dit que la répétition était la plus puissante des figures de rhétorique — écoutez cette autre parole que j'emprunte à un saint prélat, mort archevêque de Reims et cardinal, mais qui n'était, lorsqu'il l'a prononcée, que l'évêque de la Rochelle et de Saintes. Il bénissait une nouvelle église et prononçait à cette occasion le discours d'usage, après avoir promené ses regards et dirigé les regards des assistants sur les diverses parties extérieures de l'édifice. Après leur avoir fait admirer les colonnes et les statues qui les surmontaient, il pénétra par la pensée jusque dans les fondations, et s'adressant aux pierres cachées qui les composaient : O vous, petites pierres perdues dans les entrailles de la terre, leur dit-il, ne soyez pas jalouses de ces orgueilleuses qui sont là-haut ; car vous aussi, vous avez votre tâche à remplir, et elle n'est pas la moindre. C'est vous qui, sans être vues, soutenez tout ce qui se voit et parait au dehors. Et si par malheur vous manquiez à cette tâche, si vous veniez à faiblir sous le poids de ces lourdes murailles, si vous vous dérobiez sous elles, aussitôt tout s'écroulerait. Et de ces orgueilleuses statues qui surmontent les colonnes, de ces clochetons et de tous ces ornements, il ne resterait plus que des débris épars sur le sol et désormais sans valeur.

Il en est ainsi, je le répète, de notre société. Sans doute, toutes les situations ne peuvent être égales. Sans doute il est permis, il est bon, que chacun cherche à améliorer la sienne. Il est naturel de désirer monter, pourvu que ce soit honnêtement, par l'effort, par l'intelligence, par l'économie, par le travail. Le désir de monter est louable, lorsqu'il est contenu dans les limites de la justice. Mais en même temps il faut savoir se contenter du possible et il faut avoir le sentiment que toutes les tâches sont bonnes ; que toutes ont leur importance et leur nécessité, que toutes sont dignes de respect lorsqu'elles sont bien accomplies ; que celui qui mérite, n'importe où, ce beau titre d'homme de conscience que l'on donne, si je ne me trompe, à certains ouvriers dans les ateliers d'imprimerie, que celui-là, où que ce soit, sous quelque forme qu'il mérite ce titre d'homme de conscience, est digne de tout notre respect. Il faut que nous nous déshabituions et des préjugés de l'orgueil et des préjugés de l'envie. Nous avons une œuvre commune à accomplir, écrivait autrefois le plus distingué des disciples de mon maître

Bastiat, M. Roger de Fontenay. Nous avons à jeter bas d'un même effort ces murs mitoyens de l'orgueil et de l'envie qui nous séparent en classes diverses, qui transforment en étrangers et en ennemis des compatriotes, des Français, des citoyens, des membres de la même famille sociale, et j'ajoute, sauf à y revenir tout à l'heure, de la même famille humaine. Car il y a, comme le disait ici même il y a quelque temps, mon ami M. le sénateur Trarieux, une famille humaine. Il y a, au-dessus de ces sociétés particulières qui s'appellent des nations, une société supérieure qui s'appelle le genre humain, dans laquelle le respect mutuel, la justice, la bienveillance ne sont pas moins nécessaires que dans chacune de ses parties et pour laquelle le grand orateur romain Cicéron n'a pas prononcé en vain cette belle parole : la charité du genre humain, *caritas generis humani.*

Est-ce que ce n'est pas saint Paul encore, qui, commentant en quelque sorte cette parole, proclamait comme un mystère nouveau, inconnu, disait-il, aux générations précédentes, mais désormais révélé, la solidarité, ce n'est pas assez dire, la concorporalité et la fraternité des nations ? Ni Juifs, ni Gentils, ni Grecs, ni Romains, ni Scythes : tous frères et appelés au même héritage. (*Applaudissements.*)

Donc pas de mépris de la pauvreté, lorsqu'elle est honnête : pas de mépris et pas d'envie de la richesse, lorsqu'elle est bien gagnée. Il y a des gens qui ont pour la richesse je ne sais quel sentiment d'amertume qu'ils ne peuvent dissiper. Je sais bien qu'il y a eu des circonstances dans lesquelles ce sentiment pouvait être plus ou moins excusable. Il y a eu des périodes dans l'histoire où la richesse était trop habituellement le prix de la violence. C'est un père de l'église (je crois bien que c'est saint Jérôme), qui a dit en son temps, presque avec vérité (pas tout à fait cependant même dans son temps), que tout riche était injuste ou héritier d'un injuste. Bastiat, que je nommais tout à l'heure, écrivait dès l'âge de 20 ans, à l'un de ses amis, à l'un de ses condisciples : « C'est un fort sot préjugé, mon ami, que nous puisons dans les collèges, que celui qui nous apprend à mépriser la richesse. Sans doute

Cincinnatus faisait bien de se contenter de manger des raves et des fèves, puisque, pour se mieux nourrir, il aurait dû vendre son pays. La richesse alors était le fruit de l'oppression et de la conquête : aujourd'hui, elle est dans la plupart des cas le fruit du travail, de l'industrie et de l'intelligence. En ce sens, le monde n'a pas tort d'honorer le riche ; son tort, c'est d'honorer également le riche honnête homme et le riche fripon.» (*Très bien ! Très bien !*)

Bastiat disait vrai. Le riche est souvent honorable. Celui qui s'enrichit honnêtement ne le peut faire que par un travail utile à ses semblables. Son succès même est la preuve et la mesure des services qu'il leur rend, puisque c'est librement qu'ils lui en payent le prix. Quant à la richesse, en elle-même, elle est toujours bonne. La richesse, c'est-à-dire l'abondance des choses utiles, la science, l'intelligence, la force, l'adresse sont toujours bonnes par elles-mêmes. Elles peuvent être bien ou mal employées ; mais elles sont faites pour être bien employées. Et l'abus qu'on en fait n'enlève rien à leur valeur. Le mal qui en résulte, ce n'est pas à elles qu'il faut le reprocher, c'est à ceux qui en font mauvais usage. Si, à supposer que mon poing fût d'une force extraordinaire, je m'en servais pour assommer mes voisins, je ferais un mauvais emploi de ma force. Ma force n'en serait pas moins une bonne chose que je pourrais employer utilement. Il en est de même de la richesse, de la science, de toutes les facultés. Et c'est encore ici l'un des points sur lesquels je me permets de dire que nous ne savons pas suffisamment respecter ce qui est respectable. Quand je dis nous, je dis tous ceux qui déblatèrent contre des choses qui sont bonnes en elles-mêmes ; qui, par exemple, sous prétexte qu'il y a des fortunes mal acquises ou mal employées, font la guerre à ce qu'ils appellent le capitalisme, crient contre le capital, c'est-à-dire contre le fruit et la semence du travail, et s'imaginent défendre les intérêts du travail en lui refusant à la fois sa récompense et son aliment. Malheureux qui, comme Samson, s'enseveliraient sous les débris de l'édifice qu'ils auraient abîmé sur leurs têtes !

Non, ces prétendus réformateurs ont tort d'en vouloir à la richesse et de la mépriser chez les autres. Mais combien n'ont pas plus tort peut-être encore, ceux qui la font mépriser chez eux-mêmes parce qu'ils ne savent pas la respecter et la faire respecter ! Ils ont tort, d'abord parce qu'ils rendent inutiles ou nuisibles ce qui devrait être utile. Ils ont tort, surtout parce qu'ils compromettent par leur conduite la richesse elle-même. Prenons, par exemple, parmi les formes extérieures de la richesse, celle qu'on appelle le luxe. Le luxe, au fond, est une chose absolument impossible à définir, une chose dont je défie les plus habiles de dire la limite, car il n'y a pas un objet qui n'ait commencé par être une rareté et par conséquent un luxe. Moi qui vous parle, et ce que je vais dire prouve que je ne suis pas jeune, mais on s'en aperçoit assez, j'ai vu poser rue Vivienne, chez le chocolatier Marquis, la première devanture de glace qui ait paru dans la ville de Paris. C'était alors un luxe insensé qui devait fatalement amener la ruine de ce fou de Marquis. Aujourd'hui, il y a partout des devantures de glace ; il y en a dans les boutiques, il y en a dans presque toutes les habitations, sans que ce soient pour cela des hôtels princiers ou même de riches demeures bourgeoises ; mais la première posée a été un luxe. De même, les chemises de toile de la reine Isabeau étaient un luxe qui a contribué pour beaucoup à faire d'elle l'objet de l'exécration publique. Henri IV disait plaisamment qu'il n'avait que 6 chemises, et encore étaient-elles déchirées. La reine Elisabeth avait reçu comme présent magnifique du roi Philippe II d'Espagne, par l'entremise de son ambassadeur, une paire de bas tricotés ; c'est la première qu'on ait vue en Angleterre. L'indienne coûtait un louis au siècle dernier, et jamais un châle n'avait paru en Europe avant les deux cachemires de l'Inde que Napoléon trouva dans son butin en Égypte et qu'il envoya à sa femme Joséphine. Des châles, plus modestes il est vrai, ont plus tard couvert toutes les épaules. La vérité c'est qu'il n'y a rien, je le répète, absolument rien qui n'ait été un luxe. Ce n'est pas, par conséquent, parce qu'une chose n'est pas encore à la portée de tout le monde qu'il est condamnable de se la procurer, quand on a travaillé pour cela. Ce qui est condamnable et ce qui fait condamner même ce luxe honnête et légitime gagné par ceux qui peuvent se le procurer, même ce luxe qui est, si l'on peut ainsi parler, un introducteur du bon marché dans le monde par la rareté et le haut prix, ce qui le fait condamner, c'est le luxe d'apparat, le luxe d'ostentation, le luxe dont le principal objet est de frapper et d'étonner les yeux d'autrui. Laissez-moi, pour me faire mieux comprendre, emprunter un passage à un prédicateur qui parlait sur ce thème. Madame, s'écria-t-il tout à coup, comme s'il s'adressait à l'une de ses auditrices, vous vous plaignez d'être malheureuse. Vous pleurez sur votre foyer désert, et sur votre vieillesse sans consolation. Voulez-vous savoir d'où viennent vos malheurs ? Un jour, il y a déjà longtemps, vous portiez une toilette non seulement de bon goût, non seulement riche, mais éclatante et faite pour attirer tous les yeux. Et en effet, tous les yeux se portaient sur vous, car vous étiez belle, très belle. Mais, derrière vous, marchait une pauvre ouvrière à peine vêtue. Elle était belle aussi, elle était même plus belle que vous. En voyant tous les regards se porter sur vous et sur votre toilette, elle comprit qu'il pouvait dépendre d'elle d'en avoir une semblable ; et bientôt en effet, elle l'avait. Et voilà pourquoi votre mari a déserté la maison conjugale. Voilà pourquoi votre fils, suivant les exemples de son père, fait le désespoir de votre vieillesse. Voilà pourquoi vous traînez vos derniers jours auprès de l'âtre désert, au milieu des larmes !

Mesdames et Messieurs, il y a du vrai, et beaucoup, dans cette rude apostrophe du prédicateur. Oui, il y a deux espèces de luxes, si tant est que toutes deux méritent le même nom : un luxe qui coûte, c'est possible, mais qui procure des satisfactions réelles, délicates, élevées même ; un luxe qui n'est, comme on l'a bien dit, que la splendeur et l'élégance de l'utile. Mais il y a aussi un luxe qui n'a d'autre but et d'autre résultat que d'attirer l'attention des autres, d'exciter leur étonnement et leur envie, d'allumer leur convoitise et de soulever leur colère. Franklin, le sage Franklin, dont, si je traitais ce sujet plus spécialement, j'aurais plusieurs passages à vous citer, Franklin dit quelque part : ce sont les yeux des autres qui nous perdent. Les nôtres, de quoi ont-ils besoin ? Tout au plus d'une mauvaise paire de lunettes, quand ils ne sont plus bons ; mais les yeux des autres ! C'est pour les yeux des autres que l'on fait toutes les sottises. Pourquoi cette dépense, pourquoi ceci, pourquoi cela, pourquoi cette robe, ce meuble, cette folie coûteuse ? Ah ! à cause des yeux de Monsieur celui-ci ou de Madame celle-là. Et voilà comment les yeux des autres nous perdent ; et voilà aussi comment, vous venez de le voir, nous perdons les yeux des autres.

Il y a, dans une société telle que la nôtre, des nécessités dont il faut savoir tenir compte. Il y a des sentiments qui n'existaient pas ou n'existaient guère autrefois, dont il est impossible de ne pas se préoccuper. Il y a eu un temps où toutes les difficultés et les misères de la vie étaient acceptées avec une sorte de fatalisme ; où le pauvre bûcheron, tout couvert de ramée, que La Fontaine nous montre, cherchant à gagner sa cabane enfumée, succombant sous le poids du fagot aussi bien que des ans, pouvait bien songer à se plaindre du sort, ce qui ne l'empêchait pas de demander à continuer à vivre ; mais il n'aurait jamais songé à se plaindre des riches et des grands, et à s'étonner que son sort ne fût pas pareil au leur.

Nous n'en sommes plus là ; la diminution même du mal a rendu plus sensible à ce qui en reste et les inégalités sont devenues plus choquantes en devenant moins tranchées et moins immuables. Il faut savoir respecter ces délicatesses nouvelles. Il faut savoir respecter les hommes, même en ce qu'il y a d'excessif peut-être dans ce qui les froisse. Je vais plus loin : ce ne sont pas les hommes seulement qu'il faut respecter dans les choses, ce sont les choses elles-mêmes. Car, en somme, les choses, elles sont faites pour qu'on en use, elles ne sont pas faites pour qu'on en abuse. Et dès lors, elles ne doivent pas être traitées sans ménagements. Les choses, elles sont sacrées, car elles sont les éléments de notre travail et la condition de notre existence. Elles sont, alors même qu'elles nous paraissent sans vie, les dépositaires de la vie. Ce blé, qui ne peut parler de ses droits, il est fait pour nourrir les hommes ; il va se transformer dans leur corps en forces vives, en sang, en muscles, en chaleur vitale, en pensée, en volonté, en affections, lorsque la circulation en aura fait passer la substance à travers le cœur et le cerveau. Cette houille, cette pierre noire tirée par le mineur des entrailles de la terre, elle va devenir la flamme qui vous préservera du froid et peut-être de la mort ; la lumière qui éclairera vos salles de réunion ; l'agent jusqu'à présent principal, en attendant qu'il soit remplacé par un autre, de la force motrice, et, comme on l'a dit avec raison, le pain quotidien de l'industrie. Et les forces que nous tirons de tout cela ? Et nos facultés, et nos talents ? Et le temps lui-même, ce temps, qui, suivant l'expression de Franklin, n'est autre que l'étoffe dont la vie est faite, est-ce que nous les respectons comme nous devrions les respecter ? Est-ce que nous n'employons pas beaucoup de nos instants à des œuvres non seulement vaines, mais mauvaises ?

Ne perdez donc pas le temps ; respectez les choses, c'est-à-dire respectez la vie, cette vie dont tout cela est fait, cette vie qui est en quelque sorte le résumé de tout ce qui nous a été départi de plus précieux sur cette terre. Je veux relever à ce propos une erreur dans laquelle on tombe souvent, notamment à l'occasion de ces dissentiments nationaux dont vous a parlé ici M. Trarieux ; une parole qu'on emploie à propos de la guerre et des sacrifices qu'elle entraine. On parle sans cesse, pour exalter le courage militaire, du mépris de la vie. On dit que la guerre ou la perspective de la guerre habitue les hommes à mépriser la vie. Si l'on veut dire qu'il est bon de savoir affronter le danger et faire son devoir jusqu'à la mort, certes on a raison. Mais il n'y a pas que la guerre qui nous mette en face de l'effort, de la souffrance et de la mort. La vie entière est un combat et un combat meurtrier. Si l'on veut dire que la vie est méprisable et qu'il en faut faire peu de cas, c'est pis qu'une erreur, c'est un blasphème. Non, il n'est pas permis de mépriser la vie, car, je le répète, c'est le don suprême qui nous a été départi d'en haut et dont toutes les fractions sont tellement précieuses qu'il nous sera demandé compte de la moindre d'entre elles. Il vous sera demandé compte d'un verre d'eau, a-t-il été dit. Il vous sera demandé compte d'une parole, d'un acte, d'un mot, d'un sentiment, d'une minute, parce que tout cela est précieux, tout cela est la vie, tout cela est la substance de tout ce qui se fait de grand, de beau, et aussi, hélas ! de tout ce qui se fait de bas et de mauvais. Non, il n'est pas permis de mépriser la vie. Il faut la respecter par-dessus tout, il faut la respecter en soi, autour de soi, aussi loin qu'il est possible d'en étendre le respect, en se mettant autant qu'on le peut à la place des autres, en ne jugeant pas tout seul afin de ne pas être jugé tout seul, en tenant compte des faiblesses et des passions des autres, si l'on veut qu'ils tiennent compte de nos faiblesses et de nos passions.

Le mépris de la vie ! Mais c'est précisément parce que la vie est respectable, parce qu'elle est la plus précieuse de toutes les richesses, le premier de tous les trésors, qu'il peut être beau, admirable, lorsque le devoir le commande, de faire le sacrifice de sa vie elle-même. Ce sacrifice, encore une fois, on le fait de bien des façons : sur le champ de bataille, pour le drapeau de la patrie, lorsque le devoir l'exige ; dans l'atelier, en s'épuisant, quand cela est nécessaire pour soutenir la famille qui attend après le pain ; dans les hôpitaux, en allant soigner et guérir ceux qui sont malades en s'exposant à toutes les contagions ; dans les incendies, sur les vaisseaux, en affrontant la mort par le feu ou la mort par l'eau. On fait le sacrifice de sa vie sous mille formes, quelquefois sous des formes absolument obscures qui ne sont pas les moins grandes, sous la forme de ce dévouement de tous les jours, de toutes les heures qui constitue la trame entière de l'existence de tant de pauvres femmes, acharnées depuis le premier jour jusqu'au dernier à soutenir par leur dévouement, leur travail, leur économie et leurs exemples la santé physique et morale des trésors dont elles sont les gardiennes.

Oui, il faut respecter la vie. On peut être dans l'obligation de la donner, mais quand on la donne, il faut qu'on sache ce qu'elle vaut. Il ne faut pas se jouer de sa vie en disant : la vie, qu'est-ce que c'est ? Et surtout il ne faut pas se jouer de la vie des autres. Ni la nôtre, ni celle des autres. Respectons-les ; respectons tout. Et par-dessus tout, Mesdames et Messieurs, — c'est à cela que doit aboutir, si je ne me trompe, cet entretien dont votre bienveillance a paru apprécier quelques parties — par-dessus tout, et pour conclure, respectons l'âme, respectons cette flamme intérieure qui est en nous. Et pour la respecter comme nous le devons, n'oublions pas à quel flambeau sacré elle a été allumée, de quelle flamme supérieure elle est une étincelle, descendue nous ne savons comment, mais descendue dans ce faible corps qui nous a été donné. Respectons cette flamme intérieure, sachons ce qu'elle vaut, sachons ce qu'est ce peu de chose que nous sommes, cet être en apparence passager, jeté pour quelques années sur la terre, faible, dénué, désarmé, le plus misérable à ce qu'il semble des animaux, mais ayant, suivant la parole du poète antique, reçu ce privilège de se tenir droit et d'élever ses yeux vers le ciel. d'où il sent qu'il a reçu quelque chose et vers lequel il doit regarder.

Donc ce peu de chose que nous sommes, n'oublions pas que c'est quelque chose de sacré et d'impérissable. Ne nous disons pas comme un trop grand nombre se le disent, regardant l'homme qu'ils sont et l'homme que sont les autres comme un accident passager, comme une combinaison quelconque de matières, de gaz, de liquides et de solides, ne nous disons pas : l'homme n'est qu'un point perdu entre deux néants, dont il n'y avait rien hier, dont il n'y aura rien demain. Disons-nous, ce qui est vrai que tout infime que soit cet homme, il n'y a pas un de ses actes, pas une de ses paroles, pas un des traits de son existence qui n'aient des conséquences infinies et éternelles. Que comme ces pierres jetées sur la surface de l'eau et qui engendrent des cercles concentriques de plus en plus faibles, mais allant en s'affaiblissant jusqu'à l'infini, il

n'y a pas un seul fait qui n'ait de proche en proche des conséquences impossibles à mesurer. Que peut-être la grandeur de
tel homme d'aujourd'hui, la bassesse de tel autre, la méchan-
ceté des uns, la bonté des autres sont le développement ina-
perçu, mais réel, du passage sur cette terre d'autres hommes
qui y ont déposé en passant des semences qui ont germé et
fructifié pour l'avenir.

Cela étant, et pensant que dans cette sorte d'immortalité
des suites de nos actions, il y a comme une preuve indéniable
de la durée, de la persistance de cette source d'où sont sorties
ces actions persistantes, disons-nous que cet homme, bien
loin d'être un point perdu entre deux néants, est un anneau
d'une chaîne infinie relié à la fois au passé par ce qu'il en a
reçu, à l'avenir par ce qu'il lui léguera. Disons-nous enfin
que cette existence passagère ayant pour loi suprême l'effort, le mérite imparfaitement récompensé et rémunéré dans
cette vie, elle attend au delà de cette terre une rémunéra-
tion plus conforme à la justice. Être impérissable, sorti d'une
source immortelle, l'homme malgré sa faiblesse et son néant
apparent est sacré, sacré pour lui-même et sacré pour les
autres. (*Applaudissements.*)

« Jusque dans cet être en apparence tombé au-dessous de la
bête, que je vois là cuvant son orgie au pied de la borne, disait
un jour Channing, je vois encore une étincelle du feu divin
qu'il n'est peut-être pas impossible de rallumer, et jusque
dans ce dernier des hommes je salue la grandeur et la noblesse
de la nature humaine. » (*Vifs applaudissements.*)

Clermont (Oise). — Imprimerie Daix frères, 3, place Saint-André.